Le Sommeil a raison
Le réveil est d'actualité.

© 2022, Christian, Present
Édition : BoD – Books on Demand,
12/14 rond-point des Champs-Élysées, 75008 Paris
Impression : BoD - Books on Demand, Norderstedt, Allemagne
ISBN: 978-2-322-40703-3
Dépôt légal : Avril 2022

Si tu ne croises pas la ponctuation
Mets-y ton cœur.

Jour 1

À trop vouloir
Ecrire devient un foutoir.
Addiction du jour :
Brûler les apparats de l'aube
Déjeuner du jour :
Le dîner est déjà attablé.
Encore une ritournelle à détricoter !
Encore un ciel bleu à faire rougir !
On garde le spirit dans nos pas
On prendra part à la grande conquête du monde
Et apaiser la tempête dans notre désert de sable.
Qui es-tu ?
Qui suis-je ?
Nous sommes à la croisée des chemins
Le cœur n'est toujours pas à l'abri
On franchira ensemble malgré la porte fermée.
Quelques bribes de mots
On a croisé le fer avec nos silences
On a bravé le bruit de la nuit
Mais l'humain est toujours épuisé.
                On cherche, on espère et le verbe faire retrouvera les siens.

Jour 2

On se retrouve à boire un verre de soleil
L'espoir se tue à la tâche
Nos sourires et leurs intempéries
Et on se retrouve à boire un verre de lune.
L'amour de soi n'est pas contre toi
                    Être heureux n'est pas une chanson que l'on se répète.
Les œillères ne servent à rien
Quand on se retrouve à boire un verre d'amitié.
J'ai fait quelques pas ce matin
J'ai eu peur à vouloir me mettre devant le miroir
Le bleu du miroir n'est pas à craindre
                    Quand je me retrouve à boire un verre avec mes erreurs.
Un baiser sur la joue de ceux que tu aimes
Une main tendue dans la salle des pas perdus
J'ai plaidé coupable,
Quand je buvais un verre avec ton retour.
Mes amitiés du jour à tes aubes pas encore réveillées.
                    Et je lève mon verre à ta future conquête du monde !

Jour 3

Inspiration du jour
Couper court à tout ce qui court
Et que tes veines gardent leurs parcours.
Insister avec quelques mesures de précaution,
                Que ton cœur soit en haut de l'étendard que tu brandis.
J'ai pioché un livre dans ma bibliothèque
Mais je me rappelle plus du titre,
Car j'ai dû vivre aisément dans l'interdit.
Une étincelle, une bougie et le spirit
                Pour faire exploser le soleil quand ta lune défraichît.
Aucun paradoxe qui tienne,
Juste mes yeux dans ton cœur,
Pour faire briller nos différences.
Si tu danses encore sur la mélodie du déjà-vu,
C'est que je suis peut-être à la bonne fenêtre.
La tentation est grande,
Mais je me remets à ton sourire courtois inattendu.
Sois ce regard sincère au fonds de toi !
Je ne suis plus poète !
Et si tu le crois encore,
Nos mains tendues ne seront pas veines.

Jour 4

Le sommeil a raison
Le réveil est d'actualité
À nous l'esprit de l'instant
On a l'inspiration que l'on mérite
Et gardons le cœur accroché.
Le monde et notre vision est à équilibrer
Et nos différences feront la pesée.
Je ne suis pas poète
J'ai juste un penchant pour le mot-cœur.
Qu'est-ce être heureux si ce n'est croire en toi ?
Rêve, court et fait une trêve si cela t'est nécessaire
Tu lui donneras un peu d'amour
Tu recevras le quintuple
Le paradoxe dans toute sa brutalité donnera une quand même une goutte de miel
A trop écrire, la parole sera longue,
                                            tu risques d'avoir peur
Ou de vouloir encore du temps pour tout.
Je n'en ai aucune idée,
                Mais je crois que le verbe faire n'est pas un fantôme.

Jour 5

La ritournelle ne sera pas sur le quai
Le temps est à son affaire
Les heures sèchent les secondes
                        Le but du jeu est que l'instant dans lequel tu vis, soit !
             Attendre des autres, pourquoi pas mais chacun fera son choix à sa juste valeur.
    Attendre sur soi-même est le choix que je me fixe à chaque talon posé au sol,
Mieux qu'un autre, peut être !
Pire qu'un autre peut être !
Aimer est un choix !
Vivre est un choix !
Assumer leurs paradoxes est vitale pour moi.
Tomber, se relever, hésiter puis se nourrir,
                      Autant de verbe qui te feront cogiter sur ton devenir,
               Mais n'oublie pas, que le verbe avancer ne doit pas être une proie,
                Mais la continuation de ce qui fait ta présence dans l'instant.
                C'est à dire ton vécu et ce qui te reste sur le cœur à te donner.
Le verbe faire est un soleil sous orgasme.
Être soi-même,
Est une notion à fortifier à coups de :
Donne-toi les moyens pour y arriver dans le bruit des autres !

Jour 6

Un bon réveil en ce jour d'éveil
Parle-moi de tes rêves et de ses soubresauts !
À ton café remplit de solitude
À ton verre plein contre le ventre vide
À tes premiers pas dans la foule de l'aube
Je suis ce bruit que mes silences ont craché.
Le jour est enceint !
La franchise de tes doutes au bout de tes doigts
Le soleil est à son affaire
La lune ne lui a jamais tenue tête.
Spirituel mais ton cœur est encore dans
                                              l'égo-ritournelle
Me concernant, je m'épuise dans un train qui roule,
Alors que fait-on pour apaiser nos apparats ?
L'étau se referme mais c'est toujours l'un des nôtres qui a son doigt sur le bouton.
J'ai une sœur que j'ai retrouvé
Un petit frère en quelque part
            À ma mère et à toutes celles qui ne pense pas au verbe épuiser.
                    Encore une fois, le verbe faire n'est pas une
                                    ville-spectre !
J'ai connu mes vices, et leurs présences siègent dans la pesée de mon bonheur.
Mais le bonheur, se pèse-t-il ?!
Je vis à la frontière de ce que je n'ai pas encore vu.
Petit garçon deviendra grand

Parole d'un père parti trop tôt
Petite sœur enlèvera de la poussière sur ses rêves.
Une main tendue contre un acte indicible
Je te souhaite une journée bienfaitrice
                Comme les yeux fermés de cette femme regardant son monde.

Jour 7

Je n'ai pas de phrase étendard
                         Pour que tu gardes l'équilibre des moments heureux,
Pour que tu partes à la conquête de l'instant.
Ton vécu est à toi et à nul autre
Nos différences sont exposées aux yeux du monde
Mais nos secrets se convoquent dans nos veines.
De la joie, j'en ai pour t'affronter !
De la peur, j'en ai pour te serrer dans mes bras !
Ce matin, je me suis réveillé l'espoir au cœur,
                         Avec cette petite étincelle solitaire entre mes doigts.
               Dans ces lignes que je construis au fil de la mélodie des secondes,
                     J'ai osé pour que tu saches que nous ne sommes pas seul.
Les yeux ouverts ont encore de l'espérance !
Poète écervelé à la rime vide
J'attends ta voix pour défricher nos doutes.
Le verbe faire n'est pas une ville-fantôme.

Jour 8

Bonjour petit bonheur qui s'installe
Un train qui roule
Des pas qui ont décidé
C'est l'heure de confirmer nos petites attentions,
Le cœur à l'ouvrage, rien ne vaut l'instant !
Je ne sais pas si tout est une question de réponses !
Ni non plus si je me pose les bonnes questions !
Je ne suis qu'un jouisseur de rien,
                Mais ce que je suis pendant que j'écris ces quelques lignes,
Est une mère, un père et un vécu hors-norme.
On passe à travers les gouttes
À chacun ses cieux !
À chacun ses dieux !
À chacun ses réverbères,
                Et ces moments offerts comme un bouquet de fleur.
Le verbe faire est nu
Habille-le de tes paradoxes !
L'autre est de passage
Souvenirs que l'on partage
Je viens de me faire contrôler
L'instant est sage,
On continue à se révolter
Et à se faire beau pour l'instant d'après.
La délivrance viendra peut-être du verbe jouir.

Jour 9

Réveil aux petits soins
Eveil positif
Le calme du premier souffle du matin
Réveil brutal
Ta nuit a été sordide.
Rosée et soleil te rendront un peu héroïque,
Entre le verbe dire et le verbe faire
Quelques illusions à balayer.
C'est facile me diras-tu, mais qui ne tente pas
N'aura pas l'illusion de l'instant escompté.
Surtout sois !
Sois le poids de ton cœur !
Je crois que le jour est debout !
Je crois que le jour est enceint !
Mais je ne connais pas encore son fœtus !
 En tout cas ces battements jouent contre les palpitations de mon cœur du soir.
Même le brouillard a son soleil.

Jour 10

Je t'offre un bourgeon
Une rumeur
Un cœur
Un peu d'incendie
                      Faut que tu saches que les pissenlits ne poussent plus !
Je me réveille et je ne sais plus
Rêve à portée de mains
Avancer est un verbe à conjuguer.
Les réverbères s'éteignent et le jour s'agite
Les étoiles ne te demandent pas ton avis
La lune continue sa révolution
Petite pensée à la solitude qui lit cette ligne,
                Petite pensée à cette gorge nouée qui évite cette ligne,
           Petite pensée à ces cœurs qui empoisonnent quelques futilités,
                Petite pensée pour la liberté de nous revoir sans accrocs.
Les œillères ne servent pas à batailler !
Soyons-nous et soyons ce moi tant désiré
Vivre n'est pas une ville creuse
Ne cherche pas le poète
Tu n'as pas l'habitude.
Sois et ton cœur sera peut-être à l'abri
Il y a du bonheur dans les yeux de l'hiver
On garde les épaules en évidence
Pour éviter de vivre dans le verbe paraître.
Il reste encore beaucoup de lie dans mes silences.

La pluie sera encore intransigeante
Le verbe vivre à remis sa cape.

Jour 11

Boulevard de la division
La boue ne se changera pas en or !
Blues du déjà-vu
Ma mélodie se lamente dans le grenier
Ils ont purgé leurs retraites dans une tombe.
L'espoir et les contours d'une lame
Et la joie que j'enterre à coups de pelle.
J'ai rêvé que je faisais un cauchemar
Une goutte d'alcool sur sa dépouille
Je me rendors avec un stylo près du cœur
          Le beau n'est pas un rime endiablée embrassant le crucifié.
Je nettoie ma plaie avec les pleurs de mes aïeux
Je suis heureux dans la houle
J'ai peur de la ligne droite
Et le calme me rend bagarreur.
Encore un jeu d'échec où je commence sans pions.
          La lumière aveugle quand tu ne la regardes pas en face !
La prose m'a rendu riche
Quand cette femme ne dort plus sous alcool !
La prose m'a coûté un milliard de raz de marée
          Quand ma mère m'a gardé au calme après la tempête !
Je te parle de poésie et de train-train qui déraille.
Vivre a lâcher ses petits diables

Jour 12

À trop vouloir réfléchir
On garde très peu d'énergie pour soi.
À trop vouloir se changer,
Notre zone de confort change de front.
À chacun son piédestal pour s'affronter
Je ne sais pas si je suis prêt !
Toi tu l'es peut-être déjà ?!
La minute d'après n'a rien de concret à nous offrir !
L'espoir,
On s'y accroche avec ou sans veines
Avec ce courage-mât -de-cocagne
Le verbe vivre se vit les doigts poussiéreux !
Et nos différences feront le reste.

Jour 13

Café pris à l'arrache
Clefs oubliées dans le bus
Tu arrives au bureau la chemise éraflée
Il y a des jours et des petits touts
Mais la période reste faste malgré tout.
                            Tu auras beau ranger tes idées dans un confort certain,
Il y aura toujours un bouquin que tu n'auras pas lu.
Il y aura toujours cette page ou le choc sera frontal.
Je viens de dessiner une œuvre monumentale
Mes premiers pas dans ce monde trop sérieux.

Jour 14

L'instant est déjà légende.
La preuve,
J'écris encore sur mes cendres.
On a tous une longueur d'avance
                        Mais chacun de nos pas ont leurs propres intensités.
Mélodie du temps qui roule
Le temps est à son affaire.

Jour 15

On a fière allure, n'est-ce pas ?
Sous un soleil ou sous une pluie
Le cœur en érection comme une vigie
On a vaincu la nuit passée.
Et pour ceux qui résistent
Le temps garde une pensée pour vos cœurs.
Elle se réveille amoureuse,
                Il se réveille sur son corps les mains affectueuses.
Un peu d'amour
Un peu de silence
Le bruit est un arbre qui pousse
On s'évapore quelques instants
Pour se retrouver acteur de notre monde.
Les bras en bernes, la chute n'est pas attendue
        Derrière les rideaux, ils attendent l'horloge de la bonne pensée.
Toutes les révolutions sont nécessaires
La goutte d'eau ne fait pas déborder le vase
                On appréhende les premiers ruissellements du jour.
           Déjà la neuvième heure, les diamants sont encore sous terre.
La mélodie des gens heureux,
Être les rétines à la fenêtre.

Jour 16

Écorché vif
Maintenant tu le sais !
Bon vivant de la première heure
On a dû broyer la bien-pensante morale,
Anesthésie du stylo quand la vie me réclame.
Le soleil sort ses griffes
Premiers récifs
L'acte devient décisif
Insolent quand le silence n'est plus revendicatif !
L'artiste !?
Je suis l'humain qui l'assiste
Quand la lune est dévorée par l'aube.
Écrire sans forfait d'heures
Quand la rime n'a plus de pièces à m'offrir.
N'oublie pas,
À chacun ses œillères
Mes cicatrices s'évanouissent
Quand mes écrits sont armés.
Sois et tes pas reconnaîtront tes actes.
Le temps ne pourrit pas les rêves
Car les arbres poussent encore.

Jour 17

J'écrirai encore
Même en heurtant le mur de mes veines ouvertes !
Je suis encore innocent
Mais coupable d'avoir fait.
Silencieux comme ce burn-out
J'ai juste vu son corps s'étaler
Je pars à la conquête de la minute
Preuve à l'appui
J'ai le droit sur l'interrupteur.
Qui suis-je ?
Cet espoir à la conquête du rien ?
Carpe diem,
On gardera la tête froide sous le soleil.

Jour 18

Hier à aujourd'hui
On a enfoncé des portes !
On s'est caché derrière les rideaux !
On a crié notre solitude !
On a fait semblant !
On s'est arraché le cœur à coup de doutes !
On a figé l'horizon pour ne pas souffrir !
On s'est remémoré nos petites floraisons !
Mais,
Accaparons l'instant !
Carpe diem à notre rythme !
Rions et buvons les fenêtres fermées !
Existons les pieds dans le monde.

Jour 19

À ta latitude bienveillante
À nos habitudes confortables
J'essuie l'inconfortable
Je suis la minute inclassable.
Le bonheur est à portée de celui qui l'affronte
                J'ai dû garder du silence pour mettre le bruit sous camisole.
Même si le gel ne se plaint pas de mes cris.
Le jour ne se lève pas
La nuit ne s'enfuit pas.

Jour 20

La grisaille est de mise
Le rêve est une brise sur mon visage
On effleure plus le jour
On affronte la nuit
La rime est encore dansante
Le poète harangue la foule
La paix n'a plus de houle.
Poésie du couteau qui tranche
L'alcool s'est fait la malle
Elle en veut à la vie
Il en veut à sa veine crevée
L'amour court le masque sur les lèvres,
Dis-moi, à quelle heure serons-nous au carrefour de l'espoir ?

Jour 21

Sincérité rime avec amitié
Humilité rime avec objectivité
Forçat du tout
Le rien m'a tout donné.
Encore un billet accroché à un arbre !
Encore une fenêtre à fermer sur le monde !
J'ai donné un cœur à cette femme
Je me suis habillé de ses vides
La morale n'existe pas !
Le piédestal n'est que marécage
Le vent est à l'heure
Le temps réclame ton leurre.
Vivre est juste à la case d'après
J'ai joué et j'en suis fier
Le jeu est maître à bord.

Jour 22

Nous revoilà au début du petit matin
Nous revoilà à la frontière d'un je ne sais pas
On aura beau faire nos petits calculs
Le temps est à son affaire.
Tirailler entre la sève et l'écorce
On s'est perdu quand l'océan nous rapprochait
On garde encore les habits du jour pour s'endormir.
Le paraître s'encanaille dans l'intimité.
Pour m'habituer à être heureux,
J'ai craché dans la fosse aux lions
Déboulonné la statue
Et marcher dans les pas du battement de mon cœur.
Que reste t'il après ces quelques mots, si ce n'est cette envie de nous revoir
sous un soleil moins gênant ?
Encore un cri pour affronter nos doigts et nos cœurs,
On vit encore sur le tranchant de la feuille qui s'envole.

Jour 23

Il y a encore du confort
Dans leur mépris de mon humanité
Ma liberté
Ce poison qui me fait du bien
Choisir entre la haine et le billet
Quand le barillet passe au JT de 20h !
On a tiré sur le migrant !
On a coulé le réfugié !
Encore un sac de billet à la frontière
Caché dans la soute !
La mort est en sursis
On m'a parlé de soleil qui se lève à l'est
Mais son cœur me brûle dans le sud !
        Quelques lignes dans un train où la peur devient vengeur masqué !
Elle m'a parlé d'amour,
               Elle voulait que je lui présente une lèvre empoisonnée,
À chacun son terrain de bataille.
  Moi, je suis dans l'entourage de ceux qui écrivent encore sur une feuille où la sève est brûlée.

Jour 24

Une époque formidable
Le morbide devient inébranlable
Je ne cherche plus ces essences cannibales
J'ai vécu avec l'humain dégradable
J'ai encore de la prose, c'est jouable.

Jour 25

Dans un peu de pluie
J'ai regardé le soleil dans les yeux
Encore un sentier à défricher
Un rêve à construire
Une trêve à rassurer.
Les barrières n'existent pas !
Il y a des ratures que l'on n'oublie pas.
On a vécu la douleur ensemble
Égorgé son espoir pour être heureux
Des interdits pour ne pas se voir
Un peu de morale dans un peu de boue
Et nous revoilà dans la lumière.

Jour 26

Je ne connais pas la haine
J'ai vécu dans l'amour
J'ai aimé la guerre et le feu
Encore une lettre à envoyer à une inconnue.

Jour 27

Le temps est venu pour fructifier mes addictions
La nuit n'a jamais quémandé la dette de mes jours

                                                                                     Sans-nom

Jeux de rôle
Jouir sans corps
Œil sans débris,
Expier le bonheur dans un trou de serrure,
                      J'irai brûler mes entrailles dans le bruit de la rivière.

Jour 28

Sachez que la rime n'est pas mon paradis !
Illusoire course !
Ton cœur n'est pas un ours en furie,
La croyance y est pour beaucoup.

Jour 29

Fuir est une solution
Prendre ses erreurs par les tripes
Garder ses entrailles au soleil
Le poète est au rendez-vous !
J'ai gardé ton sourire de la veille
Pour calmer la file d'attente du jour.
On parle beaucoup,
Le verbe faire a pris des coups
La sueur a coulé sous la pluie
Le soleil sèche les pierres du cœur.
Une dernière balade près de l'arbre sans sang
Je suis heureux sans le savoir.

Jour 30

On va rester franc,
                         Le bonheur n'est pas une croix sur une carte de trésor.
À chacun son orgasme
Le paradis n'a plus de porte pour s'enfuir.
Mon ami, on restera prolifique dans notre amitié,
La prose a enfanté !
                         J'ai puisé dans le réfrigérateur vide un peu amour
Et garder ma mère comme étendard.
Le jour se lève
La lune s'agite encore
La poussière de l'aube dans les narines
Je cavale avec son amour hier,
             Le poids des mots sur la balance défrichera nos esprits boueux.
Il reste quelques grammes d'illusions à rajouter
Sous le réverbère cassé.

Jour 31

Le cœur chaud contre des pétales gelées
Mélodie matinale
Le soleil est harcelé.
Encore une frontière létale
Le bonheur s'éternise entre les barbelés.
Je crois aux aubes aurifères,
J'irai dormir à Ouidah.

Jour sans nom

Je garde encore la camisole,
J'ai trop de joie dans mes enfers.

FAIM